Die Gesetze des Beta-Kodex

Niels Pfläging | Silke Hermann

Die Gesetze des Beta-Kodex
3. Auflage 2024
© 2019 by Niels Pfläging, Silke Hermann
ISBN 978-3-948471-09-5
BetaCodex Press (eine Marke der qomenius GmbH) |
Matthias-Claudius-Str. 16 | 65185 Wiesbaden | Deutschland
kontakt@betacodexpress.com

Konzept & Text: Niels Pfläging, Silke Hermann
Design: Niels Pfläging
Illustration: Pia Steinmann, pia-steinmann.de
Die Texte dieser Broschüre sind angelehnt an die Kapitelzusammen-
fassungen aus dem Buch „Die 12 neuen Gesetze der Führung"
von Niels Pfläging, veröffentlicht im Campus Verlag, 2009

Für Fragen, Vorschläge, Anfragen und weitere Infos:
kontakt@betacodexpress.com. Besuchen sie uns online:
betacodexpress.com | redforty2.com

Einführung

Dieses Heft ist dazu gedacht, dir, liebe Leserin und lieber Leser, einen komprimierten Einblick in Charakter und Funktionsweise der 12 Prinzipien des Beta-Kodex zu geben – **in übersichtlicher Form, aber dennoch umfassend!**

Immer wieder wird uns die Frage gestellt, was denn nun konkret zu tun sei, um die einzelnen Prinzipien des Beta-Kodex in einer Organisation zum Leben zu erwecken. In diesem Heft findest du Anregungen, Hinweise und Werkzeuge, die dir helfen sollen, das jeweilige Beta-Prinzip nicht nur in seiner Bedeutung zu erfassen, sondern es auch im Kontext deiner eigenen Organisation zu etablieren.

Die Herausforderung rund um Beta geht jedoch über die Frage des Verständnisses der einzelnen Prinzipien oder „Gesetze" hinaus. Der Beta-Kodex ist ausdrücklich nicht als ein „Setzkasten" gedacht, aus dem man sich nach Belieben etwas aussuchen kann! Vielmehr verstärken und befördern die Prinzipien sich gegenseitig: Sie umreißen ein konsistentes, unteilbares System der Unternehmensführung. Es geht mithin eigentlich nicht um das einzelne Prinzip oder Gesetz – es geht um die Zusammenhänge zwischen ihnen!

In den Übersichten dieses Hefts haben wir allen Beta-Prinzipien ihre jeweiligen, entgegengesetzten Alpha-Prinzipien gegenübergestellt – auch, um Zusammenhänge anschaulich und bewusst zu machen. Die Alpha-Prinzipien bilden insgesamt ebenfalls ein in sich konsistentes, geschlossenes System. Wir empfehlen dir, sofern du Verantwortung für die Gestaltung des Systems in deiner Organisationen annehmen willst oder bereits angenommen hast, dich mit aller Konsequenz für ein einziges System zu entscheiden – Alpha oder Beta! Wobei wir selbstverständlich zur Anwendung der Beta-Prinzipien raten – als der einzigen zukunftsfähiger Option im Zeitalter der Komplexität. Jede Mischung der beiden Modelle Alpha und Beta – im Sinne von „Ein bisserl schwanger reicht vielleicht!" – wird stets zu wenig befriedigenden, kaum nachhaltigen Ergebnissen führen. **Kohärenz ist Trumpf!**

Die Übung „Beta-Uhr" am Heftende dient dazu, die entscheidenden Zusammenhänge in deiner eigenen Organisation heraus zu arbeiten. Die Gebrauchsanleitung zu dieser Übung findest du auf Seite 29.

Wir wünschen dir viel Spaß beim Lesen, beim Beta denken und handeln.

§1 Teamautonomie. Sinnkopplung statt Abhängigkeit

Soll eine Organisation schneller, flexibler und robuster werden, dann muss sie ihre Teams auf Kunden und den Markt ausrichten – statt auf Hierarchie, Chefs und das Oben. Teams Freiheit & Verantwortung zuzugestehen macht Sinn. Wir nennen das: Führung. Eine Organisation, die sich in diesem Sinne marktorientiert führt, erntet Erfolg.

In Alpha

Die Welt ist kompliziert – es braucht
formelle & tote Organisation

Die Welt ist kontrollierbar –
statisches Weltbild

Wiederholung überwiegt –
Automatisierung, Standardisierung als Antwort

Make & sell, auf Halde produzieren
und dann in den Markt drücken –
„push"-Geschäftsmodell mit Absatzmittlern

Tayloristisches Denken –
Trennung zwischen Denken und Handeln

Menschenbild der „Theorie X" genügt –
Menschen sind faul,
Träger von Defiziten

Menschen müssen zu Leistung
und Arbeit gezwungen werden

Organisation braucht Motivierung –
durch Belohnung, Bestrafung, Bestechung

Aktivitäten und Handlungen kontrollieren –
sich an Regeln
und Vorschriften halten

Methoden und Tools –
individuelles Wissen ist Engpass

Weisung und Kontrolle –
Machtkopplung & Abhängigkeit

Patriarchalischer Impuls von Managern
hat Freilauf

Sollen und Müssen stehen im Vordergrund –
auf Wollen und Können ist kein Verlass,
Dürfen ist leichtsinnig

In Beta

Die Welt ist komplex – es braucht neben der
formellen informelle & lebendige Organisation

Alles ist im Fluss, nichts steht –
evolutionäres Weltbild

Überraschung überwiegt – Verantwortung,
Team-Empowerment als Antwort

Just-in-time, erst verkaufen,
dann produzieren –
„pull"-Geschäftsmodell, Direktvertrieb

Systemisches Denken –
Zusammenführung von Denken und Handeln

Menschenbild der „Theorie Y" –
Menschen sind Träger
von Motivation und Potenzial

Gibt man Menschen Herausforderung
und Raum für Entwicklung, dann leisten sie

Arbeit selbst ist motivierend –
durch Gelegenheit zu Leistung und Lernen

Kontextarbeit leisten und Prinzipien pflegen –
Zutrauen, dass Menschen prinzipienbasiert
eigene Schlüsse ziehen können

Ideen und Theorien –
kollektives Potenzial ist prinzipiell unbegrenzt

Fühlen und Erwidern –
Sinnkopplung & Empowerment

Unternehmerischer Impuls aller
Organisationsmitglieder hat Freiraum

(Team)Autonomie ist dann, wenn
Wollen, Können, Dürfen, Sollen und Müssen
sich die Hand reichen

§2 Föderalisierung. Zellstruktur statt abgeteilter Silos

Eine dezentralisierte Netzwerkorganisation besteht aus vielen, ergebnisverantwort-lichen, funktional integrierten, sich selbst steuernden bzw. vom Markt gesteuerten Teams. Gegen diese Art von Netzwerk haben Alpha-Organisationen im Wettbewerb keine Chance: Der Grund für die Überlegenheit von Dezentralisierung ist Komplexität.

In Alpha

Machtbeziehungen
von oben nach unten – „Druck" durch Bosse

Hierarchische Struktur, Bürokratie –
formelle Macht & Weisungs-Linien

Hierarchie verkörpert Macht –
interne Referenz –
Management versus Mitarbeiter

Das Organigramm ist die Organisation –
informelle Strukturen werden unterdrückt

Arbeit muss von Hierarchie
kontrolliert werden –
Prinzip der Fremdkontrolle

Funktionen, Divisionen, Abteilungen,
Stabsstellen, Kostenstellen –
abhängige Bereiche

Funktionale Teilung
ist strukturgebend – Abteilungen beinhalten
jeweils wenige, einander ähnliche Rollen

Funktionsübergreifende Arbeit
erfordert Schnittstellen-
und Prozessmanagement

Gemanagte Kundennähe und -beziehungen,
Key Accounting, Divisionen,
Vertriebskontrolle

Der Vertriebsbereich verkauft –
Verkäufer sind für den Absatz zuständig

Für neu auftauchende Aufgaben und Probleme
schafft man neue, fixe Strukturen und Stellen

Funktionale Organisation,
Produkt-/Divisions-
oder Matrixorganisation

In Beta

Wertschöpfungsbeziehungen
von außen nach innen – „Zug" vom Markt

Netzwerk-Struktur, Unternehmertum -
informelle Netze & Wertschöpfungsflüsse

Markt verkörpert Macht –
externe Referenz –
Zentrum und Peripherie

Das Netzwerk ist die Organisation –
Wertschöpfungsstruktur und Formelle Struktur
sind weitgehend identisch

Arbeit wird von Arbeitenden
selbst kontrolliert –
Prinzip von Selbstkontrolle und Lernen

Netzwerkzellen als Mini-Unternehmen
im Unternehmen –
interdependente Einheiten

Funktionale Integration
ist strukturgebend – Zellen beinhalten viele
unterschiedliche Rollen

Alle Wertschöpfung ist naturgemäß funktions-
übergreifend – funktionale Trennung
muss vermieden werden

Dezentrale Business-Teams entscheiden
über alles, was den Kunden betrifft,
steuern sich selbst mit Blick auf ihre Ergebnisse

Business-Zellen machen Business –
alle verkaufen

Fast alles lässt sich durch Freiwilligenarbeit
und in temporären Task Forces erledigen

Funktionale Teilung, Produkt- und
Matrixorganisation widersprechen dem Primat
der Dezentralisierung

§3 Leaderships. Selbstorganisation statt Management

Führung und Selbstorganisation sind nicht verwandt. Sie sind das gleiche! Führung entsteht im Zwischenraum zwischen Menschen gleich dreifach, innerhalb von drei Strukturen. Und zwar dann, wenn Miteinander-Füreinander-Leisten, bzw. teambasierte Autonomie sich Raum greifen können. Dafür bedarf es der Abwesenheit von Management & Fremdsteuerung.

In Alpha

Chefs steuern die Arbeit –
jedes Team braucht einen Chef
bzw. einen „Entscheider"

Hierarchie führt zu Stabilität
und ist überall sichtbar –
Machtdruck steuert

Bosse regieren per Weisung und Kontrolle –
sind Visionäre und wichtig

Manager halten den Laden am Laufen –
kümmern sich um operative Effizienz

Führung ist etwas für Wenige -
geschieht an der Spitze

Führung ist an Position gekoppelt,
geschieht vor allem in der Zentrale.
Eine Kunst, die Führungskraft braucht

Unternehmen brauchen starke Manager,
die klagen ein und an.

Autorität entsteht durch Position
und Statussymbole

Bei Problemen: Suche nach Schuldigen –
Aktionismus, Verantwortungs-Schwarzer-Peter

Probleme löst man mit neuen Methoden
und Tools – Berater und Managementmoden
sind wichtig

Idealerweise hat man eine starke,
mächtige Personalabteilung

Gemanagter Wandel – Management
entscheidet früh über Veränderung

Erst hinter verschlossenen Türen Lösung
entwickeln, dann überzeugen und durchsetzen,
zur Not mit Zwang

In Beta

„Außen" steuert bereits –
Chefs sind für die Steuerung von Arbeit
überflüssig und hinderlich

Hierarchie ist trivial (jeder hat einen Chef),
bei der Arbeit spielt sie keine Rolle –
Marktzug führt

Bosse sind unerwünscht –
alle haben Vision und sind wichtig

Manager dienen denjenigen,
die die Arbeit erledigen – Führung ist
gemeinsame Arbeit am System

An Führung bzw. Führungen sind alle beteiligt–
Führung ist breit verteilt bzw. pulverisiert

Führung gibt es in Zentrum und Peripherie –
ist eine Form von Dynamik,
die zwischen Akteuren entsteht

Unternehmen brauchen starke Prinzipien,
die jeder einklagen kann und soll.

Autorität entsteht durch Könnerschaft, Meis-
terschaft, Zuschreibung, Erfahrung, Integrität

Bei Problemen: Arbeit am System, Theorie-
arbeit –fünfmal hintereinander Warum? fragen

Probleme löst man nur mit besserem Denken
und Arbeit am System –
Mitarbeiter denken selbst, Dankeschön

Im Idealfall hat man gar keine
Personalabteilung – Nötiges wird am besten
ausgesourct oder von allen Teams getan

Systemischer, chaotischer Wandel –
Beteiligte entscheiden spät selbst

Erst Dringlichkeit wahrnehmbar machen
und alle einladen, dann gemeinsam Lösungen
entwickeln

§4 Rundumerfolg. Passgenauigkeit statt Monomaximierung

Eine Organisation sollte stets so wachsen, dass sie langfristig überleben kann. Größe ist unwichtig. Wachstum kein Ziel, sondern mal sinnvoll, mal nicht – meistens ist es ein Problem. Bring deine Organisation nicht ohne Not in eine Situation, in der sie nur überleben kann, wenn sie wächst. Verwechsle Umsatz, Gewinn, Größe, Marktanteil nie mit Erfolg.

In Alpha

Erfolg bedeutet, selbst gesteckte
Ziele zu erreichen –
wir setzen uns anspruchsvolle Ziele

The business of business is making money –
finanzielle Ergebnisse
sind Daseinszweck

Es gibt einen natürlichen Konflikt
zwischen den Anspruchsgruppen

Kunden gehören an 1. Stelle
(„Kundenzentrierung") –
im Zweifel maximieren wir Shareholder Value

In guten Zeiten aggressiv wachsen,
um Skalenvorteile zu nutzen

Die Kleinen werden
von den Großen gefressen

Größe ist wichtig –
mehr ist immer gut

Größe und Marktmacht sind Top-Ziele –
sei groß! – besten Marktanteil haben

Übermut durch selbstverursachte
Marktblindheit, Innenfokussierung,
Beschäftigung mit sich selbst

Unternehmenskäufe und –zusammenschlüsse
dienen dem Manager-Ego

Entlassungen sind in Krise unausweichlich
und Managementaufgabe

Im Boom darf man schon mal Fett ansetzen –
zyklisches Verhalten,
Überfressen und Diät

In Beta

Erfolg ist immer Siegen
im Wettbewerb –
alles andere ist Nabelschau

The business of business is people –
Gelderwerb ist nicht Zweck, sondern
Nebenbedingung von Geschäftstätigkeit

Es gibt einen positiven Wirkungskreis
zwischen den Anspruchsgruppen

Kunden gehören an 2. Stelle,
Organisationsmitglieder an 1. Stelle – Gewinn
ist Konsequenz guter Arbeit & Folge von Erfolg

In guten Zeiten maßvoll wachsen – die meisten
Skalenvorteile sind reine Behauptung

Die im Vergleich weniger Rentablen
werden gefressen oder gehen ein

Überdurchschnittliche Qualität
& Rentabilität sind wichtig, Größe nicht

Größe ist ein Problem, darf nie Ziel sein –
sei agil! – beste Qualität und Kosten haben

Demut durch Transparenz, konstanter Blick
auf den Markt, Vermeidung von Wunsch-
denken, wacher Blick auf Selbstgefälligkeit

Zusammenschlüsse destabilisieren Kultur –
Egos unter Kontrolle halten

Entlassungen sind ultimatives Eingeständnis
von Mißmanagement

Disziplin im Boom und in der Krise –
gesunde Lebenshaltung ist Dauerthema,
langweilig aber „nachhaltig"

§5 Transparenz. Fließintelligenz statt Machtverstopfung

In Beta ist Transparenz Pflicht: Zahlen, Daten, Fakten müssen für alle Teams und jeden Mitarbeiter leicht und schnell zugänglich sein. Denn Informationsbarrieren lösen bei den Nichtinformierten Blindheit & Ohnmacht aus. Zum Wohle der unternehmerischen Handlungsfähigkeit braucht es in Beta einen Verzicht auf Informationsmacht.

In Alpha

Status und Macht durch Information –
alle Information Wenigen

Geschlossene Informationssysteme – Mitarbeiter könnten Informationen veruntreuen

Transparenz mündet in Kontrollverlust
und kann unethisches Verhalten provozieren

Alles ist vertraulich –
offene Informationssysteme sind undenkbar

Interne Transparenz ist riskant –
die aus Intransparenz entstehende
Abhängigkeit ein notwendiges Übel

Information überfordert Menschen –
die Wahrheit ist gefährlich

Spezial- und ad-hoc-Berichte als Werkzeug
fürs Durchgreifen des Managements

Langwierige, kontrollierte Info-Bereitstellung –
Berichts-Wesen

Gehälter und Bezüge sind geheim –
Mitarbeiter deuten Gehaltsunterschiede
als Ungerechtigkeit

Informationen werden für unterschiedliche
Zwecke und Empfänger aufbereitet,
nach Bedarf geschönt

Kunden und Lieferanten werden vertraglich
gebunden – Geheimhaltung

Wissensmanagement –
Bedarf nach Informationssystemen zur
Wissensspeicherung, Überwachung, Spionage

In Beta

Empowerment durch Information –
alle Information Allen

Offene Informationssysteme und Bücher –
Mitarbeiter sind vertrauenswürdig

Transparenz ist idealer Kontrollmechanismus,
verhindert Vetternwirtschaft, Korruption, Diebstahl, Manipulation

Wenig ist vertraulich –
offene Informationssysteme sparen viel Geld

Transparenz ist Grundlage
für unternehmerisches Denken
und eine dafür notwendige Vorleistung

Information ist wie Sauerstoff fürs Hirn,
Informationsüberlastung ein Mythos –
Wahrheit ist Menschen zumutbar

Offenes Zahlenwerk als Wahrnehmungs-Oberfläche für unternehmerischen Impuls Aller

Alle sehen das gleiche, zur gleichen Zeit –
Informations-Angebot

Gehälter und Bezüge können offen liegen –
Menschen finden Gehaltsunterschiede
ganz natürlich

Es gibt für alle eine einheitliche Sicht auf die
Informationen, plus freien Zugang –
Informationen aufzuhübschen ist verpönt

Kunden & Lieferanten werden durch Vertrauen
& Kooperation gebunden –
haben maximalen Zugang zu Info-Systemen

Wissen kann man nicht managen –
Bedarf nach Info-Systemen für vernetztes
Arbeiten/Stärkung informeller Struktur

§6 Marktorientierung. Relative Ziele statt Chefvorgabe

In Beta braucht es wenige, einfache, lang-laufende, sich selbst anpassende Ziele. Teams vergleichen hier ihre Leistungen mit eigenen oder externen, aber stets realen Vergleichswerten. Sie interpretieren erbrachte Leistung im Ist-Ist-Vergleich. Team-basierte Selbstkontrolle dieser Art lenkt den Blick auf dauerhafte, kontinuierliche Verbesserung.

In Alpha	In Beta
Alles ist messbar – viel zu messen ist gut und wichtig zur Kontrolle	Nur Weniges ist messbar – zu viel Messung schadet Denken/Handlungsfreiheit
Management by Numbers – Regeln, Normen, Werte leiten	Arbeiten an der Wertschöpfung – Prinzipien & externer Vergleich leiten
Objektivität durch Messung – What gets measured, gets done	Objektivität im Zahlenwerk gibt's nicht – Lebendiges entzieht sich Messung
Fixierte Ziele fordern heraus – Zielverhandlung/–vereinbarung und Management by Objectives machen's möglich	Fixierte Ziele fördern Mittelmaß – Verhandlung/-vereinbarung sind Unsinn, Symptom von Weisung/Kontrolle
Ziele „erzeugen" Leistung – ohne Ziele keine Leistung	Ziele schaffen Bewusstsein & geben Richtung – bessere Leistung kommt nur durch bessere Methoden zustande
Ziele sollen SMART sein – jedes Ziel ist quantifizierbar	Legitime Ziele sind stets relativ – zeitlich nicht fixiert für Verbesserung – Vergleiche mit realer Leistung
Messung von Leistung gegen Soll – Plan-Ist-Vergleiche, Abweichungen	Beurteilung von Leistung im Kontext und im Nachhinein – Ist-Ist-Vergleich, Dialog
Management ahndet Abweichungen – Eingriffe und Mikromanagement von oben	Teams sind für eigene Leistung verantwortlich, können Hilfe suchen – das Zentrum behält die Hände bei sich
Alles ist Ziel – von Verkaufsquotas, Umsatz und Ergebnis bis zu Krankheitsstand und Indikatoren	Wenig Ziele – für wenige relative Indikatoren (z.B. Kosten/Umsatz), nie als absolute Werte – Messung im Zeitablauf
Ziele werden von oben nach unten kaskadiert, heruntergebrochen, voneinander abgeleitet, verscorecardet	Unternehmen sind keine Maschinen – Zielkaskaden und Ursache-Wirkungs-Zusammenhänge sind reine Fiktion
Ranking und Vergleiche einzelner Mitarbeiter und Manager – Belohnung/Bestrafung derjenigen oben/unten	Ranking und Vergleiche zwischen Teams für sportlichen Wettbewerb – ohne Belohnung/Bestrafung
Benchmarkdaten: schwierig zu bekommen – wir sind einzigartig	An Benchmarkdaten kommt man leicht – relevanten Wettbewerb gibt's immer
Vergleiche sind immer nicht genau genug – Genauigkeit ist für Performancesysteme wichtig	Genauigkeit spielt für Vergleiche keine Rolle. Ziele von Gehalt/Strafe getrennt

§7 Bedingtes Arbeitseinkommen. Teilhabe statt Anreizung

Vergütungssysteme in einer Beta-Organisation tragen zwei grundlegenden Einsichten Rechnung. Erstens, dass individuelle Gehälter oder Mitarbeiter-Einkommen letztlich vor allem vom Markt bestimmt werden. Zweitens, dass es individuelle Leistung, oder individuellen Erfolg in einer Organisation nicht gibt.

In Alpha

Geld muss für alle wichtiges Thema sein –
Vergütung beeinflusst Leistung

Zahle Gehälter entsprechend Position –
HR-Bereich managt Gehaltsbänder

Festgehalt möglichst niedrig halten –
variable Vergütung als Druckmittel benutzen

Diverse Gehaltssysteme, Privilegien für „oben"
– var. Vergütung für Wenige

Variables Gehalt dient der Anreizung –
kopple stets Ziele und Vergütung

Motivation ist extrinsisch – man motiviert –
Anreizung ist notwendig

Karotte hinhalten und der Esel läuft –
wenn das System stimmt ist Verhalten
steuerbar

Individualleistung muss man durch
individuelle Boni und Incentives stimulieren

Anreizung und Incentivierung,
Pay for Performance und Meritokratie

Es gibt Belohnungen für alles,
was Management für wichtig hält

Personalkosten werden gemanagt und
minimiert – Gehälter möglichst gering halten

Menschen sind gierig,
das macht sich Management zunutze

Bonussysteme sind nötig, um Top-Mitarbeiter
anzuziehen und zu halten

In Beta

Keiner sollte ständig ans Geld denken müssen –
Vergütung ist Hygienefaktor

Bezahle Menschen dafür, wer sie sind –
der Markt bestimmt Gehälter

Faires Festgehalt bezahlen –
variable Vergütung soll bloß symbolisch
Zugehörigkeit aufzeigen

Ein durchgängiges Gehaltssystem –
variable Vergütung für alle

Variables Gehalt dient „Teilhabe" –
trenne stets Ziele und Vergütung

Motivation ist intrinsisch – man ist motiviert –
Anreizung ist langfristig immer schädlich

Menschen sind intelligent,
schlagen jedes Anreizsystem –
Vergütung soll Verhalten nicht beeinflussen

Individuelle Leistung gibt es nicht –
Anerkennung für Team-/Gesamtleistung durch
Beteiligung am Erfolg

Erfolgs-/Gewinnbeteiligung
und/oder Beteiligung am Kapital durch Anteile

Für die Arbeit gibt es Gehalt–
Belohnung ist Manipulation und respektlos

Mitarbeitereinkommen sind sozialer Beitrag –
Stolz auf Mitarbeiter und deren Fähigkeiten

Eigennutz ist menschlich, Gier entsteht durch
Anreiz – langfristig hat eine Firma die Leute,
die sie verdient

Mitarbeiter, die des Geldes wegen kommen,
gehen des Geldes wegen

§8 Geistesgegenwart. Vorbereitung statt Planwirtschaft

Zukunft ist ein komplexes Problem. Man kann sie weder vorhersagen, noch sie managen. Schon gar nicht in Form planerischer Zeitreisen. Ein System kann jedoch so gestaltet sein, dass alle seine Teile, Teams und Interaktionen nicht Plänen folgen, sondern stets geistesgegenwärtig agieren. Dann werden sie bereit für jede mögliche Zukunft.

<table>
<tr><td>

In Alpha

Denken braucht Planung –
Handeln ohne vorherige Planung
ist fahrlässig

Möglichst viel planen –
Planung ist ideal
zum Umgang mit Zukunft

Planung ist dann besonders gut,
wenn sie integriert, häufig und partizipativ ist

Planung, um mit der vorgestellten Zukunft
umzugehen

Strategische Planung als jährlicher,
strukturierter Prozess

Strategie & Planung stets integrieren!

Strategie ist anspruchsvoll, analytisch, und
langfristig – manche Dinge sind strategisch,
andere operativ

Prognose und Planung sind das gleiche –
Nachdenken über Zukunft und Definition
von Absichten laufen zusammen

Es lohnt sich, viel Zeit mit
Planung und Forecasting zu verbringen!

Planung, Planung, Planung –
Angst vor Fehlern

Projektmanagement und -planung,
Meilensteinkontrollen

Probleme löst man mit Tools
oder durch Bestrafung, oder man holt Berater

Professsionell zu sein bedeutet, einen
konsequent distanzierten Umgang zueinander
zu pflegen – Planung als „Fernsteuerung"

</td><td>

In Beta

Planung kannibalisiert Denken & Dialog,
ist je nach Situation überflüssig bis schädlich –
Plänen zu folgen ist fahrlässig

Unternehmen brauchen keine Planung –
Planung ist die falsche Technologie zum Um-
gang mit ungewisser Zukunft

Beteiligung, Frequenz und Umfang
ändern nichts am Problem,
dass Planung bei komplexer Umwelt versagt

Vorbereitung, um in jeder möglichen Zukunft
handlungsfähig und überlegen zu sein

Strategie ist überflüssig, wenn ständig
reflektiert/gedacht wird – und wenn klar ist,
was zur eigenen Organisation passt

Strategie & Planung: Beide schädlich

Hat man sinngekoppelte, handlungsfähige,
dialogbereite Akteure, ist Strategie
überflüssig – alles ist strategisch

Prognose ist ein manchmal notwendiges
Gedankenspiel, man braucht wenig davon –
Planung setzt Auswahl voraus, Prognose nicht

Besser wachsam bleiben – lieber aus dem
Fenster schauen als in die Zukunft

Testen, Prototyping, Scrum,
iterative Projektarbeit – Irrtum ist normal

Bei Komplexität der Aufgabe ist
Projektmanagement überflüssig/unzureichend

Um ein systemisches Problem zu lösen, muss
man dessen systemische Wurzeln verstehen

Bei Missverständnissen, Problemen
oder Konflikten geht man am besten gleich
zum Äussersten – und redet miteinander

</td></tr>
</table>

§9 Rhythmus. Taktgefühl statt Fiskaljahrsorientierung

In Komplexität müssen Organisationen mit Märkten in Resonanz gehen: Sie sollten „swingen". So lässt sich Dynamik als Wettbewerbsvorteil nutzen. Beta-Organisationen erzeugen intelligente Kapselung, damit Teile der Organisation zu ihrer Wertschöpfung passende Grooves ausprägen können. Das ist das Gegenteil von Steuerung nach Geschäftsjahrs-Stakkato.

<table>
<tr><th>In Alpha</th><th>In Beta</th></tr>
<tr><td>Steuerung von oben her</td><td>Steuerung von Markt, Kunden
und Bestellungen her</td></tr>
<tr><td>Monats- und Jahreszyklusbasierte
Steuerungs- und Performancerituale –
Kalenderbasierte Rhythmen</td><td>Wertschöpfung groovt den Bedürfnissen
des Marktes entsprechend –
nur Rechnungslegung folgt Kalenderperioden</td></tr>
<tr><td>Lineare Vorgehensweisen, Meilensteine</td><td>Iterative Vorgehensweisen, Sprints</td></tr>
<tr><td>Alle Teile der Organisation werden
Managementzyklen unterworfen</td><td>Intelligente Kapselung erlaubt Teilsystemen,
ihren natürlichen Rhythmen zu folgen.</td></tr>
<tr><td>Rhythmus und Sequenz der Arbeit
ist abhängig von Meetingzyklen</td><td>Teams „time-boxen"
ihre eigene Arbeit</td></tr>
<tr><td>Lange Fristen –
Denken in mehrjährigen Perioden</td><td>Denken in kurzen, übersichtlichen Zeiträumen,
der Leistung angemessen</td></tr>
<tr><td>Was können wir in der Periode schaffen?</td><td>Welche Perioden-Länge braucht es?</td></tr>
<tr><td>Diktatur der Erbsenzähler:
Alle Funktionen der Organisation haben den
Kalenderperioden zu folgen</td><td>Groove-Prinzip:
Jede Funktion hat einen ihr angemessenen,
rollierenden Rhythmus</td></tr>
<tr><td>So früh entscheiden wie möglich –
alles im „Herbst" entscheiden</td><td>So spät entscheiden wie möglich –
nicht im „Herbst"!</td></tr>
<tr><td>Auslastungsorientierung, Übersteuerung,
zentrale Eingriffe, Push in den Markt hinein,
Mikromanagement sorgen für ständigen Druck</td><td>Taktorientierung, swingende Wertschöpfung
im Einklang mit der Nachfrage. Freiheit von
steuernden Eingriffen sorgen für Laufruhe</td></tr>
<tr><td>Planen und Durchsetzen,
Marktpartner als Feinde</td><td>Nutzung von Opportunitäten, Hören auf den
Markt – gemeinsam sind wir erfolgreicher</td></tr>
<tr><td>Selten Denken, denn Denken ist teuer</td><td>Immer Denken & Reflektieren</td></tr>
<tr><td>Schnell sein ist das Ziel</td><td>Im Flow sein und pünktlich sein ist das Ziel –
den Wertschöpfungsfluss nicht unterbrechen</td></tr>
<tr><td>Späne müssen fliegen</td><td>Aktionismus führt zu Mehrarbeit,
Verschwendung, Verlangsamung</td></tr>
<tr><td>Manager setzen Mitarbeiter
unter Druck,
sodass Leistung entsteht</td><td>Alle designen das System so,
dass ein der Wertschöpfung angemessener
Groove zustande kommt</td></tr>
</table>

§10 Könnerentscheidung. Konsequenz statt Bürokratie

In Beta werden Entscheidungen mit Vorliebe dort getroffen, wo das jeweilige Problem zuhause ist: Das heißt: So dezentral wie möglich. Nicht durch Chefs, sondern durch Könner für das jeweilige Problem. Anwendung von Prinzipien der Organisation sowie Konsultation stellen folgerichtiges Handeln und Klarheit in der Sache sicher.

In Alpha

Zentrale Entscheidung,
oben wird entschieden –
Manager werden bezahlt um zu entscheiden

Entscheidung ist von Arbeit getrennt –
Demokratie im Unternehmen ist unmöglich

Entscheiden ist eine Last –
Entscheidung ist Chefsache

Chefs entscheiden besser als andere –
oben entscheiden ist effizient und sicher

Management kann sicher entscheiden –
wenn mit guten Infos versorgt

So früh entscheiden wie möglich –
möglichst anhand von Zahlen

Intuition ist verdächtig –
faktengeleitet rational zu entscheiden ist
am besten

Fehler sind schlecht –
Six Sigma und Null-Fehler-Initiativen

Umsetzung (Execution) ist immer
ganz schwierig – Frust durch Widerstand

Entscheiden soll derjenige mit
dem höchsten Rang und dem besten Gehalt

Kritik ist unerwünscht –
Dissens ist blöd

In Sitzungen fallen viele Entscheidungen –
aber die bleiben oft folgenlos

In Beta

Dezentrale Entscheidung,
außen wird entschieden –
alle werden bezahlt um zu entscheiden

Entscheidung ist in Arbeit integriert –
Warum sollten Unternehmen undemokratische
Orte sein müssen?

Entscheiden ist eine Lust, macht Spaß –
jeder soll Gelegenheit haben,
bedeutsame Entscheidungen zu treffen

Zentrale Entscheidung ist langsam, teuer,
schlecht – Könner entscheiden in konsultati-
vem Einzelentscheid besser

Entscheiden in Unternehmen ist immer
unternehmerisch – damit risikobehaftet

So spät entscheiden wie möglich –
wer zu früh entscheidet, den bestraft das Leben

Intuition (gefühltes Wissen) ist in Entscheidungen unvermeidbar und kann eine wichtige
Ressource sein

Intelligenter Irrtum ist nötig
und bietet Lernchancen –
kontinuierliche Verbesserung ist Teil der Arbeit

Das Umsetzungsproblem entsteht durch zeitli-
che/personelle Trennung von Denken/Handeln,
Entscheiden/Tun

Entscheiden soll, wer nah am Problem ist
und die Dringlichkeit hautnah spürt

Kritikverzicht ist Sabotage –
Dissens verhindert Verblödung

Meetings dienen der gemeinsamen
Meinungsbildung, nicht der Entscheidung

§11 Ressourcendisziplin. Zweckdienlichkeit statt Statusgedöns

In Beta-Organisationen gehören finanzielle Ressourcen ganz offiziell denen, die sie auch verdienen: Der Peripherie. So entsteht Konsistenz zwischen „denen die das Business betreiben" und „denen, die Geld haben". Ressourcen stehen hier genau dann bereit, wenn sie benötigt werden, niemals vorher. Geld dient Wertschöpfung, nicht Egoismen.

In Alpha

Ressourcen sind immer knapp
und müssen darum gemanagt werden

Die Peripherie unter Kontrolle halten –
Zentrale an der Macht

Es gibt Profit Center & Kostenstellen
(„overhead") – der muss gemanagt sein,
sonst laufen Fixkosten aus dem Ruder

Planwirtschaftliches
Ressourcenmanagement –
Ressourcen folgen Organigramm

Intensives Kostenmanagement
und Kostenrechnung

Cost cutting, Budgetkürzungen,
Stellenstreichungen als Managementaufgabe –
Rechnungslegung dauert lange

Enorme Mengen von Leistungsindikatoren –
Glaube an Antworten in den Zahlen –
Mikromanagement durch Führungskräfte

Ressourcen periodisch zentral zuteilen,
wer Ressourcen braucht ist Bittsteller –
Zuteilung wird Jahr für Jahr optimiert

Rechnungswesen dient Management,
Eigentümern und Externen –
Schnelligkeit ist Kür

Investitionen bedürfen jährlicher
Gesamtplanung. Intensive Verhandlung
über Investitionen – starke Zahlenorientierung

Vorschlagswesen & Ideenmanagement,
für Innovation ist eine Abteilung zuständig

In Beta

Boden ist bedeutungslos, Kapital & Geldmittel
sind nicht knapp – Mitarbeiterpotenzial die zu
hebende, unbegrenzt vorhandene Ressource

Der Zentrale die Arroganz austreiben –
Peripherie (z.B. Filialen) an die Macht

Das Geld wird in der Peripherie verdient –
alle Zellen haben eine G&V.
Verrechnungspreise & interne Märkte.

Ressourcen gehören den Teams selbst,
sind bei Bedarf verfügbar – Zuteilung,
Allokationen, Budgets aller Art sind suboptimal

Kosten kann man nicht managen – nur
Wertschöpfung verbessern/Verschwendung
bekämpfen – Kostenrechnung ist meist wertlos

Target Costing, kontinuierliche Verbesserung
der Wertschöpfung & Kampf gegen
Verschwendung als Aufgabe Aller

Indikatoren geben Teams Impulse für Fragen/
Denken/Lernen, aber keine Antworten –
Manager greifen nicht ein

Über Investitionen erst entscheiden, wenn sie
dringend sind – von Fall zu Fall, nicht jährlich

Rechnungswesen dient vorrangig Teams –
Schnelligkeit ist Pflicht –
externe Berichterstattung Formsache

Jede Idee verdient eine Anschubfinanzierung -
Entscheidung so spät wie möglich – Innovatio-
nen können stets von überall her kommen

Offener Dialog über Investitionsalternativen,
wenn nötig Alternativen im Wettbewerb
miteinander beurteilen

§12 Flowkoordination. Wertschöpfungsdynamik statt Zuweisungsstatik

Zusammenarbeit innerhalb einer Organisation sollte marktlich-dynamisch koordiniert sein. Marktlich referenzierte Selbststeuerung ist effektiver für Koordination in Komplexität, als Planungszyklen, Prozesse, Regeln und zentrale Weisung. Denn zentrale Steuerung zerstört Engagement, Verantwortung und effektive Zusammenarbeit.

In Alpha

Verknüpfung von Abteilungen
durch Hierarchie,
funktionale Koordination

Prozessmanagement bedeutsam,
um Funktions- und Bereichsgrenzen
zu überwinden

Schnittstellenprobleme, ausufernde Zentralbereiche (Audit, Einkauf, Marketing, Personal,
Qualität usw.), explodierender Overhead

Push-Koordination von oben nach unten –
„Strategische Zentralbereiche" mit Macht

Periodische, planwirtschaftliche Koordination –
jährliche Vereinbarung

Anweisung/Hierarchie dominierend
zur unterjährigen Abstimmung

Umlagen und Kostenverteilungen,
Allokationen, Budgets, festgelegter Headcount

Abteilungen, Shared Services,
Kompetenzzentren erhalten Ressourcen
zentral zugeteilt

Service Level Agreements,
zentral verwaltet

Zentrale Bereiche haben
garantiertes Einkommen bzw. Ressourcen
(Budgets)

Kostenrechnung mit Umlageverfahren
als Grundlage für zentrale Kontrolle

Standards (z.B. ISO) zur externen
Kontrolle von Arbeitsabläufen –
sich an Prozeduren halten

In Beta

Verknüpfung zwischen Zellen:
Leistungsflüsse innen-außen,
Vergütung außen-innen

In netzwerkhafter Wertschöpfungsstruktur
werden Prozesse trivial – sie kennt kein anderes
Primat als den Wertschöpfungsfluss

Zentralbereiche so weit wie möglich auflösen
und durch temporäre Teams/Task Forces
ersetzen, Leistungen bepreisen

Pull-Koordination außen-innen –
keine (Macht den) Ressourcenpools –
nur in Peripherie darf Gewinn entstehen

Kontinuierliche, marktliche Koordination –
„nach Bedarf"

Interne Märkte, „Zug",
Dialog als dominierende Mechanismen

Börsen und Verrechnungspreise für interne
Leistungen – Spiel von Angebot und Nachfrage

Ressourcenverantwortung:
bei Business-Zellen der Peripherie –
zentrale Zellen leben von deren Zahlungen

Jährlich, 1/2 oder 1/4-jährlich
Vereinbarungsgespräche zu Leistungen/Preisen

Zentrale Dienstleister müssen
mit Nachfrageschwankungen leben –
verdienen ihren Unterhalt, passen sich an

Wertflüsse/Leistungsbeziehungen
als Grundlage dezentraler Entscheidung

Kontrolle in Arbeitsabläufe integriert –
Standards als Mittel zum Team-Lernen,
sie entwickeln Prozeduren von gesicherter
Basis aus weiter

Die Beta-Kodex-Uhr

Die Gesetze des Beta-Kodex sind keine Übung in Addition -sie sind eine Übung in Multiplikation! Die 12 Gesetze bilden ein konsistentes System. Sie beeinflussen sich gegenseitig – und zwar einander verstärkend.

Die Interdependenzen zwischen den einzelnen Gesetzen sind für den Einzelnen – je nach Kontext der Organisation, je nach eigenen Rollen und persönlichen Blickwinkeln – jedoch oft weniger leicht beobachtbar. Es lohnt sich also, sich nicht nur mit den Inhalten und der Ausgestaltung der einzelnen Gesetze zu beschäftigen, sondern ebenso mit ihren Beziehungen zueinander, angewandt auf die eigene Organisation.

Und so geht's:

Auf der folgenden Doppelseite sind die 12 Gesetze des Beta-Kodex in einer Darstellung abgebildet, die wir „Die Beta-Kodex-Uhr" nennen. Diese Visualisierung erlaubt es, Zusammenhänge und Verstärkungen für die eigene Organisation abzubilden. Die folgende Übung solltest du alleine beginnen und dann ggf. im Team fortführen!

1. Du führst diese Übung zunächst alleine durch.
    Nimm dir etwa 30 Minuten Zeit. Zeichne die Zusammenhänge zwischen den Gesetzen mit einzelnen Wirkungspfeilen ein. Gib jedem Pfeil einen Namen: Versuche dabei, die Natur des Zusammenhangs möglichst präzise zu benennen!

2. Vergleiche dein Ergebnis mit dem von Kolleginnen und Kollegen aus deiner Organisation. Konzentriert euer Gespräch auf die Unterschiede zwischen euren Ergebnissen – und darauf, was diese Unterschiede für die Ausgestaltung eurer Organisation und deren Weiterentwicklung bedeuten!

Die Beta-Kodex-Uhr

Eine Übung

onomie
blung
gigkeit

2. Föderalisierung
Zellstruktur
statt abgeteilter
Silos

3. Leaderships
Selbstorganisation
statt Management

4. Rundumerfolg
Passgenauigkeit
statt Mono-
maximierung

5. Transparenz
Fließintelligenz
statt Macht-
verstopfung

6. Markt-
orientierung
Relative Ziele
statt Chefvorgabe

gtes
ommen
abe
eizung

www.ingramcontent.com/pod-product-compliance
Lightning Source LLC
LaVergne TN
LVHW072119180726
843512LV00016B/1211